AF509670

LE NOUVEAU D'ASSAS,

TRAIT CIVIQUE,

EN UN ACTE ET EN PROSE, MÊLÉ DE CHANTS.

Représenté pour la première fois, par les Comédiens Italiens ordinaires du Roi, en Octobre 1790.

Les Paroles sont de M***.
La Musique est de M. BERTON.

Prix 1 l. 4 s.

A PARIS,

Chez VENTE, Libraire des Menus Plaisirs du Roi, rue des Anglois, près celle des Noyers.

1790.

<table>
<tr><td>

PERSONNAGES.

</td><td>

ACTEURS.

</td></tr>
<tr><td>

LE CHEF de la Garde-Nationale de Metz & Toul. (*uniforme de Garde-Nationale avec tout le fourniment.*)

</td><td>M. Granger.</td></tr>
<tr><td>

M. DE SILLES , Officier au Régiment du Roi, (*uniforme de Sous-Lieutenant de ce Régiment.*)

</td><td>M. Michu.</td></tr>
<tr><td>

Autre OFFICIER du Régiment du Roi , (*même uniforme.*)

</td><td>M. Elleviou.</td></tr>
<tr><td>

Ier. OFFICIER de l'Etat-Major de la place, (*uniforme d'Officier de place.*)

</td><td>M. Ménié.</td></tr>
<tr><td>

IIme. OFFICIER de l'Etat-Major de la place (*même uniforme.*)

</td><td>M. Cellier.</td></tr>
<tr><td>

CHEF des Députés des Soldats Suisses , (*uniforme de Soldat du Régiment de Châteauvieux.*)

</td><td>M. Chénard.</td></tr>
<tr><td>

PRINCIPAL Soldat Suisse (*même uniforme.*)

</td><td>M. Philippe.</td></tr>
<tr><td>

UN Soldat Suisse (*même uniforme.*)

</td><td>M. Dufresnoi.</td></tr>
</table>

Soldats Suisses du Régiment de Châteauvieux.

Gardes-Nationales de Metz , régiments de troupes de ligne, qui étoient de l'avant-garde de l'armée.

Habitans féditieux de la Ville.

Dames & habitans de la Ville.

Enfans en uniforme de Gardes-Nationales.

La Scène se passe à Nancy.

LE NOUVEAU D'ASSAS,

TRAIT CIVIQUE,

EN UN ACTE ET EN PROSE, MÊLE DE CHANTS.

Le Théâtre repréſente à droite une porte extérieure & les remparts d'une ville, au fond une colline, à gauche des arbres, &c.

SCÈNE PREMIÈRE.

SOLDATS DE CHATEAUVIEUX *qui gardent la porte.*

(Ils ſont aſſis & occupés à boire).

CHŒUR DES SOLDATS.

Amis! buvons, ne craignons rien :
C'eſt à nos chefs à ſentir l'épouvante ;

Il faudra bien
Qu'ils rempliffent notre attente ;
Il faudra bien
Qu'ils nous rendent notre bien.

UN SOLDAT.

Nos Députés partis depuis l'aurore
Devroient être de retour.

AUTRE SOLDAT.

Prenons patience encore,
Ils feront bientôt de retour ;

AUTRE SOLDAT.

Mais nous voilà pourtant à la moitié du jour.

AUTRE SOLDAT.

Oh ! c'eft que pour nous tenir tête,
Le Général y regarde à deux fois.

AUTRE SOLDAT.

Oui ! voilà ce qui les arrête.

PLUSIEURS SOLDATS.

Oui ! voilà ce qui les arrête.

CHŒUR GÉNÉRAL DES SOLDATS.

Amis ! buvons, ne craignons rien.
C'eft à nos chefs à fentir l'épouvante ;
Il faudra bien

Qu'ils rempliffent notre attente ;
Il faudra bien
Qu'ils nous rendent notre bien.

SCENE II.

LES PRÉCÉDENTS, HABITANS DE LA VILLE.

CHŒUR DES HABITANS.

Fuyons, fuyons de cette ville ;
Cherchons un féjour plus tranquille :
Ah ! fuyons, fuyons promptement.

(A demi-voix, en obfervant les foldats.)

Voilà cette troupe barbare ;
C'eft-elle, dit-on, qui prépare
Le carnage le plus fanglant.

CHŒUR DES SOLDATS *(à part.)*

Que l'on nous rende notre argent !
Ou que l'on fe prépare,
Au carnage le plus fanglant !

ensemble

CHŒUR DES HABITANS.

Il faut donc quitter cette ville !

A 3

Où trouver un asyle ?
Faut-il donc fuir si promptement ?

CHŒUR DES SOLDATS.

Oui, fuyez, fuyez bien vîte :
Craignez que l'on ne nous irrite :
Oui, fuyez, fuyez à l'inftant.

CHŒUR DES HABITANS.

Fuyons, fuyons de cette ville ;
Cherchons un féjour plus tranquille ;
Ah ! fuyons, fuyons à l'inftant.

SCENE II.

SOLDATS DE CHATEAU-VIEUX, DEUX OFFICIERS MAJORS DE LA PLACE.

PREMIER OFFICIER-MAJOR.

AMIS ! voyez ces familles tremblantes qui fe croyent forcées de fuir leurs foyers ; c'eft vous qui caufez leurs allarmes. (*Appercevant les bouteilles & les verres*) Eh ! quoi ! mes enfans ! vous

tiez encore à boire ! ah ! prenez garde ! c'eſt ainſi
que l'on s'échauffe inſenſiblement ; on ſe laiſſe en-
ſuite emporter trop loin ; & , ſans avoir eu des in-
tentions criminelles , on ſe trouve ſouvent bien
coupables. Allons, rétabliſſez le calme dans cette
ville ; attendez du moins avec tranquillité le retour
de ceux de vos camarades que vous avez députés
vers l'armée qui s'approche.

LE PRINCIPAL SOLDAT.

Oui, nous les attendons ; & nous ſommes bien
ſûrs qu'on en paſſera par les conditions que nous
avons fait propoſer.

LE PREMIER OFFICIER-MAJOR.

Eh ! mes enfans , quelles ſont ces conditions ?

LE PRINCIPAL SOLDAT.

La première , qu'on nous rende juſtice !

LE PREMIER OFFICIER-MAJOR.

Elle vous ſera certainement rendue.

LE PRINCIPAL SOLDAT.

Oh ! ce n'eſt pas la juſtice , comme l'entendent
nos officiers, que nous demandons ; nous voulons

celle qui nous eſt due , nous voulons qu'on approuve tout ce qui s'eſt paſſé , nous voulons qu'on
nous reſtitue tout l'argent qu'on a uſurpé ſur la
caiſſe.

TOUS LES SOLDATS *à la fois.*

Oui, tout l'argent, tout l'argent, tout l'argent.

LE PREMIER OFFICIER-MAJOR.

Doucement, mes amis, doucement! Cette reſti-
tution étoit prête à avoir lieu , en cas qu'elle ſe
fût trouvée juſte; c'eſt le vœu de la loi pronon-
cée par les repréſentans de la Nation, & procla-
mée parmi vous : mais encore, falloit-il donner
le temps qu'on examinât les comptes preſcrits par
cette loi.

LE PRINCIPAL SOLDAT.

Des comptes! des comptes! c'eſt ainſi qu'on
nous a trompés.

LE PREMIER OFFICIER-MAJOR.

Soit, mais alors vous n'étiez point appellés à
les vérifier. Soyez donc raiſonnables. Voulez-vous
être le ſeul régiment de votre nation, qui ait eu
un tort à ſe reprocher? Défiez-vous des transfu-

~~ges nombreux~~ qui fe font introduits parmi vous: ce font eux qui vous égarent : car les vrais Suiffes font incapables de défobéir aux loix ; tous fe font diftingués chez le peuple français, tous y ont fait honorer le nom de votre patrie. J'ignore ce que les fupérieurs croiront devoir faire en cette occafion ; mais pouvez-vous vous attendre qu'on approuve ? . . .

LE PRINCIPAL SOLDAT.

Oh ! Il faudra bien qu'on approuve tout. Nom d'un fabre ! quand même nous aurions tort , on feroit encore en refte avec nous.

LE PREMIER OFFICIER-MAJOR.

En admettant qu'il y ait eu autrefois des abus d'autorité condamnables , croyez-vous qu'on puiffe tolérer de femblables repréfailles dans un état policé ? tout feroit confufion & défordre ; & quelle juftice pourriez-vous alors efpérer vous-mêmes ? Non , les légiflateurs n'autoriferont jamais que les réclamations fages , & conformes à leurs décrets ; ainfi , mes enfans. . . . . . .

SCENE IV.

LES PRÉCÉDENS, UN SOLDAT DE CHATEAUVIEUX.

LE SOLDAT *accourant & s'écriant :*

Les voilà, les voilà !

TOUS LES SOLDATS, *jettant leurs cha-peaux en l'air.*

Vivent les foldats ! vivent les foldats !

(Le tambour bat & une partie du régiment vient en défordre fe ranger fur la fcène en une efpèce de demi-cercle).

SCENE V.

LES PRÉCÉDENS, QUATRE SOLDATS DE CHATEAUVIEUX.
(qui avoient été députés auprès du Général).

(Les Soldats Députés entrent dans le demi-cercle avec une contenance trifte & abbatue ; un roulement de tambour, puis)

LE PRINCIPAL SOLDAT.

Allons, camarades, un profond filence ; écoutons.

LE CHEF DES SOLDATS Députés.

Mes camarades, nous allions, suivant vos defirs, au devant de l'armée qui s'avance vers cette ville ; nous l'avons rencontrée à quelques lieues d'ici : nous nous sommes préfentés ; vous connoiffez notre bravoure. Le choix que vous avez fait de nous eft fondé fur elle ; & cependant, vous le dirai-je ? la contenance noble & fière de cette armée nous en a impofé : nous avons admiré furtout celle de l'avant-garde, compofée en partie des bataillons nationaux de Metz ; nous ne nous attendions pas au fpectacle qu'ils nous ont offert : mes amis, ce n'étoient plus des bourgeois ; c'étoient des foldats, des grenadiers, des hommes de guerre, dont l'air eft auffi martial & auffi affuré que le nôtre.

LE PRINCIPAL SOLDAT, *brufquement.*

Abréges, & informes-nous du fuccès de ta commiffion.

LE CHEF DES SOLDATS Députés.

Eh bien ! mes camarades, j'ai expofé d'un ton ferme le fujet de notre démarche, les prétentions du régiment, & la manière dont nous entendions traiter avec nos chefs.

TOUS LES SOLDATS Suiſſes , *tumultueuſement.*

Qu'a-t-on répondu ? qu'a-t-on répondu ?

LE CHEF DES SOLDATS députés.

On nous a dit que l'on nous avoit déjà fait ſommer d'exécuter les décrets, qu'on étoit ſurpris que nous demandaſſions à faire un traité , au-lieu de montrer le repentir & la ſoumiſſion qu'on avoit droit d'attendre. Allez, a-t-on ajouté, & ſi la garniſon veut obtenir quelqu'indulgence , qu'elle ſorte à l'inſtant de la ville , & qu'elle aille attendre de nouveaux ordres aux lieux qui lui ſont preſcrits ! La Nation Françaiſe & ſon roi ne traitent pas, comme de puiſſance à puiſſance , avec des régimens révoltés. Voilà, mes camarades , la dernière réponſe que nous avons reçue.

(A ces mots , la conſternation paroît régner parmi les Soldats ; un morne ſilence pendant une aſſez longue pauſe).

CHŒUR DES SOLDATS , *d'abord à voix très-baſſe.*

Ciel! ô ciel! quel parti prendre ?
Que décider en ce moment ?
Faut - il ſortir à l'inſtant ,

Ou bien faut - il les attendre ?

LES OFFICIERS.

Ah ! fortez , fortez à l'inftant ;
Obéiffez fans plus attendre.

LE PRINCIPAL SOLDAT,

Non, non, il vaut mieux les attendre.

CHŒUR DES SOLDATS, *encore à voix baffe*

Ciel ! ô ciel ! quel parti prendre ?
Que décider en ce moment ?
Faut - il fortir à l'inftant ,
Ou bien faut - il les attendre ?

LES OFFICIERS.

Ah ! fortez , fortez à l'inftant ;
Obéiffez fans plus attendre.

LE PRINCIPAL SOLDAT.

Camarades , écoutez tous :
Tout le peuple de la ville ,
Comme on le dit, n'eft pas tranquille :
Il en eft beaucoup pour nous :
S'ils confentent à nous défendre,
S'ils veulent combattre avec nous ;
Au lieu de fuir , il faut attendre.

LES OFFICIERS.

Non, non, sortez à l'instant.

CHŒUR GÉNÉRAL, (*à voix éclatante.*)

Oui, c'est le parti qu'il faut prendre.
De l'argent, de l'argent !

LES OFFICIERS.

On vous rendra justice,
Mais il faut respecter les loix.

CHŒUR.

De l'argent, de l'argent ! il faut qu'on en finisse.
De l'argent, de l'argent ! nous connoissons nos droits.

LES OFFICIERS.

La désobeissance,
Est la suite de la licence ;
Et non pas de la liberté :
A cette ville en pleurs, rendez la sûreté.

SOLDATS.

Non, plus d'obéissance :
Il ne s'agit point de licence ;
Nous réclamons la liberté ;
De l'argent, de l'argent, voilà notre traité.

*(Ils rentrent tumultueusement, mais on voit toujours les
sentinelles qui gardent les postes extérieurs de la porte)*.

SCENE VI.

LES OFFICIERS-MAJORS.

PREMIER OFFICIER-MAJOR.

A quelles affreuses extrémités ces insensés vont réduire la Nation Française !

DEUXIEME OFFICIER-MAJOR.

La raison ne peut plus rien sur eux ; & je crains qu'il n'y ait plus que la force qui puisse maintenant les réduire.

SCENE VII.

M. DE SILLES, UN OFFICIER SON AMI ; LES OFFICIERS-MAJORS.

M. DE SILLES, *entrant vivement.*

Eh bien ! messieurs, qu'espérez-vous ?

PREMIER OFFICIER-MAJOR.

Et vous-même, monsieur ?

M. DE SILLES.

Nos instances, nos prières en ont ramené plufieurs à des réflexions raifonnables ; le plus grand nombre fe repent : il eft décidé à obéir, à fortir de la ville : heureux, fi tous pouvoient fe rallier à la même réfolution !

PREMIER OFFICIER-MAJOR.

Oui, cela épargneroit bien des maux ; mais il eft à craindre qu'ils ne foient inévitables.

M. DE SILLES, *très-vivement*.

Comment ?

PREMIER OFFICIER-MAJOR.

La raifon n'a pas auffi facilement pénétré parmi tous. Il en en eft qui, naturellement tranquilles & foumis, ne rentrent pas aifément dans les bornes de la modération, lorfqu'ils ont eu le malheur de les franchir.

M. DE SILLES.

Et que prétendent faire, que peuvent faire ces infenfés ?

PREMIER OFFICIER-MAJOR.

Ce qu'ils prétendent faire ? Animés par les plus féditieux, ils cherchent à s'appuyer de la claffe la plus indigente, & par conféquent la moins éclai-

rée

rée des habitans de cette ville ; ils en ont déjà en-
veloppé une partie dans leurs intérêts, & ils les
excitent à s'armer pour leur cause.

M. DE SILLES, *avec chaleur.*

Voilà comme on profane le plus bel attribut
de l'homme ! voilà comme on a trouvé le moyen
de corrompre jusqu'au sentiment de la liberté !
Voilà comme on fait prendre le change au meil-
leur des peuples sur ses véritables intérêts ! Ah !
messieurs, messieurs, prévenez, s'il est possible, les
suites funestes de cette insurrection.

PREMIER OFFICIER-MAJOR.

Nous avons déjà fait tout ce qui étoit en notre
pouvoir.

M. DE SILLES.

N'importe, n'importe, revenez à la charge ; re-
présentations, prières, larmes, employez tout, tout:
il n'est rien qui puisse humilier, lorsqu'il s'agit d'é-
pargner le sang.

PREMIER OFFICIER-MAJOR.

Nous les allons retrouver, nous allons essayer de
nouveau sur eux tout ce que la raison & le sentiment peuvent avoir de force & de puissance ; mais
je crains bien que nous ne prenions une peine inutile. Parce que nous sommes leurs supérieurs, ils
nous regardent comme leurs ennemis.

B

M. DE SILLES.

Voilà le malheur !

PREMIER OFFICIER-MAJOR.

Les plus rébelles fe trouvent précifément avoir
la garde de cette porte ; & s'ils abufoient de ce
pofte . . . . .

M. DE SILLES.

Ah ! ne perdez pas encore l'efpérance de les
ramener à leur devoir ; les inftans font preffans.

PREMIER OFFICIER-MAJOR.

Croyez, monfieur, croyez que nous ne négli-
gerons rien pour cela.

(Les Officiers-majors fe retirent).

SCENE VII.

M. DE SILLES, L'OFFICIER SON AMI

L'OFFICIER.

En vérité, mon ami, je t'admire ; eh ! de quoi
te mêles-tu ? Les affaires de ces Suiffes ne font pas
celles de ton régiment. Tu n'es pas leur officier ?

M. DE SILLES.

Non, mais je suis homme : & c'est assez pour chercher à épargner des maux à l'humanité.

L'OFFICIER.

Tu as raison ; c'est penser noblement, mais la grandeur d'ame est souvent imprudence ; on en est presque toujours la victime.

M. DE SILLES.

Alors on succombe honorablement.

L'OFFICIER.

Crois-moi, faisons notre devoir, & rien de plus. Il y a tout lieu de craindre que la sédition de cette ville n'allume un grand incendie.

M. DE SILLES.

Tu te trompes.

L'OFFICIER.

Si tes soldats s'entêtent, qu'y pourras-tu faire ? & que pourront y faire même les troupes que l'on amène ?

M. DE SILLES.

Soumettre les rebelles, les faire obéir aux dé-

L'OFFICIER.

Et si une partie du peuple de la ville prend la cause de ces soldats?

M. DE SILLES.

On réduira ceux qui s'armeront contre la loi; on les réduira par les moyens les plus violens, s'il le faut, afin de couper racine à la sédition; mais puisse le ciel les éclairer & détourner de nous d'aussi funestes calamités!

L'OFFICIER.

L'avant-garde est composée de troupes nationales : je crains que des troupes qui sont très-braves, mais si peu aguerries....

M. DE SILLES.

Elles ne sont point encore, il est vrai, accoutumées aux manœuvres militaires; mais leur courage & leurs nobles motifs y suppléeront : eh! crois-tu donc que, pour la première fois qu'elles s'offriroient au feu, elles fléchiroient en présence des troupes de ligne qui les accompagnent? Non, mon ami, elles vaincroient, ou il n'en resteroit pas un, pas un seul.

L'OFFICIER.

Parmi les troupes de ligne, on a semé aussi des

avis féditieux. La conduite qu'elles tiendront eft-elle bien fûre ? feront-elles fermes , s'il faut combattre leurs camarades ?

M. DE SILLES.

Le foldat français peut s'égarer , mais il ne trahit jamais. Ceux qui compofent l'armée qui s'ap-, proche ont été raffemblés auparavant ; on leur a lu les décrets , ils ont promis de les faire exé-cuter. Ils marchent, & c'eft affez pour compter fur eux. Ils favent que ce n'eft pas contre des camarades qu'ils s'avancent, mais contre des ré-belles aux loix de la patrie : ce n'eft pas tout cela que je redoute, je crains feulement que l'obfti-nation de quelques foldats révoltés & de quel-ques citoyens féditieux n'attire fur cette ville le meur-tre & le carnage.

L'OFFICIER.

Ne pouvant y apporter aucun remède, il eft inutile de s'expofer. Rentrons dans nos quartiers.

M. DE SILLES.

Non, non , je veux veiller près de cette porte ; elle eft gardée par ceux qui fe montrent les plus rebelles. Je veux voir quelle fera leur conduite .... Eh ! fi je pouvois contribuer ! . . . . .

L'OFFICIER.

Ah ! mon ami, quelle témérité ! ils ne t'écouteront pas.

M. DE SILLES.

Qu'importe ? je reſte ici.

(On entend des tambours qui battent une marche de retraite).

L'OFFICIER.

Ce ſont les troupes ſoumiſes qui ſortent de la ville ; je vais voir ſi tous les nôtres ont enfin pris ce ſage parti.

M. DE SILLES.

Ceux qui gardent cette porte, ſont ceux qui m'inquiètent le plus.

L'OFFICIER.

Viens avec moi, mon cher ami, viens.

M. DE SILLES.

Non, je reſte ici.

L'OFFICIER.

Adieu donc..... Embraſſe - moi.

M. DE SILLES *l'embraſſant*.

Adieu, nous nous reverrons ce ſoir.

L'OFFICIER.

Ce foir ?... Je ne fais quelle idée..... Cède
à mes inftances ; viens avec moi, mon ami, viens
avec moi.

M. DE SILLES.

Non, ma réfolution eft prife, je refte ici.

L'OFFICIER.

Adieu donc.

(Il l'embraffe encore, & fe retire en fe retour-
nant plufieurs fois, & de l'air le plus trifte).

SCENE IX.

M. DE SILLES *feul.*

ARIETTE.

Amour facré de la patrie!
Remplis - moi de ta noble ardeur!
Eft - il un obftacle, un malheur ?..
Le péril même de la vie,
Peut - il balancer dans un cœur,
Les élans de ta noble ardeur?
Ah! qu'il me feroit doux de prévenir la rage,
De ces hommes trompés, que l'on pouffe au carnage,
De les ramener au devoir,

Par la raiſon , & par la confiance ;
Quelle céleſte jouiſſance !
Mon cœur ſe livre à cet eſpoir.

Amour ſacré de la patrie !
Remplis - moi de ta noble ardeur !
Eſt-il un obſtacle, un malheur ?...
Le péril même de la vie ,
Peut - il balancer dans un cœur,
Les élans de ta noble ardeur ?

(*On entend dans le lointain du côté de la colline des tambours , dont le bruit approche toujours davantage*).

L'armée (*il écoute.*) ne peut être loin maintenant.

(*On entend un appel de tambour au poſte de la porte*).

Un appel ! que veulent ils faire ? —— les voici.

SCENE X.

M. DE SILLES ; SOLDATS DE CHATEAU-VIEUX, HABITANS SÉDITIEUX.

(Les soldats & les séditieux entrent en foule ; les uns traînent avec eux deux pièces de canons, les autres ferment les portes de la ville.)

M. DE SILLES, *s'avançant vivement vers eux.*

Oh ! mes amis, mes camarades ; qu'allez-vous entreprendre ?

UN PRINCIPAL SOLDAT, *s'avançant.*

Que vous importe ?

M. DE SILLES, *s'adreſſant à tous.*

Mes amis, mes chers amis, écoutez-moi, daignez m'écouter. *(Une partie des mutins s'aſſemble autour de lui, pendant que les autres continuent à diſpoſer tout pour leur défenſe.)* C'eſt votre bien, c'eſt votre sûreté qui m'anime .... on vous a trompés ; vous croyez défendre la liberté, & vous vous armez contre elle ; vous allez attirer ſur vous la vengeance de la loi que vous bravez. *(Ici les Suiſſes font un mouvement d'incrédulité.)*

ah ! ne doutez pas de ce que je vous dis, ce n'eſt pas moi qui vous trompe : je ſuis encore jeune, je ne ſuis point revêtu des premiers emplois, je n'ai nul intérêt de vous induire en erreur ; vous pouvez vous fier à moi, on vous rendra la juſtice la plus exacte, vos officiers tomberont ſous le glaive de la loi, s'il en eſt qui ſoient coupables envers vous : c'eſt le vœu de nos législateurs. (*Aux ſoldats de Châteauvieux*) O vous, braves Suiſſes, fidèles alliés de la France, vous qui juſques ici avez donné les plus nobles exemples d'équité & de ſubordination, ſoyez dignes de vos compatriotes; rappelez-vous avec quel généreux courage vos ancêtres ont conquis votre liberté, & ne vous montrez pas ennemis de la nôtre. (*Aux habitans ſéditieux.*) Et vous qui êtes Français, ſongez au ſerment ſolemnel que vous avez prêté tous ſur l'autel de la patrie. (*Ici les ſoldats & les ſéditieux font des mouvemens d'impatience.*)... Ah! mes amis! ah! rentrez dans le devoir....Je vous en conjure au nom de la loi, au nom des repréſentans de la nation, au nom d'un monarque vertueux, à qui l'effuſion du ſang eſt en horreur; je vous en conjure au nom de votre intérêt même, épargnez votre vie, épargnez celle de vos concitoyens.

CHŒUR DES SOLDATS ET DES SÉDITIEUX.
Il n'eſt plus tems, retirez-vous;
L'ennemi s'avance vers nous.

M. DE SILLES.

Ce ne ſont point des troupes étrangères,
Ce ſont vos amis, et vos frères.

SCENE XI.

LES PRÉCÉDENS, PLUSIEURS FEMMES AVEC LEURS ENFANS, QUI PAROISSENT SUR LE REMPART ET SUR LA PORTE.

CHŒUR DES FEMMES ET DES ENFANS.

CRUELS ! ayez pitié de nous !
Hélas ! n'attirez pas ſur nous,
Les feux, le meurtre & le pillage.

(*Les femmes montrant leurs enfans.*)

Prenez pitié de leur âge !

LES SOLDATS ET LES SÉDITIEUX.

Allons, allons, retirez-vous,
Ou redoutez notre rage.

M. DE SILLES.

Au nom du ciel ! modérez-vous.

LES FEMMES.

Hélas ! ayez pitié de nous.

LES SÉDITIEUX *avec fureur à de Silles & aux femmes.*

Allons, allons, retirez-vous,

Ou redoutez notre rage.

*Ils font des signes menaçans aux femmes & aux enfans,
qui se retirent dans l'intérieur de la ville.)*

SCENE XII.

M. DE SILLES, LES SOLDATS & LES HABITANS
SÉDITIEUX, LES GARDES NATIONALES DE
METZ, *& les Régimens Français & Suisses qui composoient
l'avant-garde : on les voit s'avancer lentement sur le haut
de la colline.*

LES SÉDITIEUX.

LES voila ! défendons - nous.

(*Ils se mettent en défense.*)

M. DE SILLES.

Insensés ! que faites - vous ?

Quittez vos projets sanguinaires !

Ce font vos amis & vos frères.

LES SÉDITIEUX.

Retirez-vous, retirez-vous,

Ou redoutez notre courroux.

M. DE SILLES *tombant à genoux.*

Faut-il tomber à vos genoux ?

Quittez, au nom du ciel, ces projets sanguinaires,

vous, ils sont vos amis, & vos frères :
Au nom du ciel, modérez-vous.

LE CHEF DE LA GARDE NATIONALE *sur la colline.*

Soldats séditieux ! rendez-vous à ma voix.

(Les soldats font un mouvement pour tirer un
des canons.)

M. DE SILLES *s'avançant.*

Au nom du ciel !

LES SÉDITIEUX *à M. de Silles, avec la
dernière fureur.*

Retirez-vous.

(Ils le mettent en joue.)

(*suspension de la musique.*)

M. DE SILLES (*se levant & se mettant à la
bouche du canon, en découvrant sa poitrine.*)

Eh bien, cruels ! tirez sur moi ! que je sois
la première victime de votre fureur ! en perdant
la vie je n'aurai pas la douleur de voir massacrer
mes camarades & mes frères.

(*Quatre séditieux lui tirent des coups de fusil;*

*il tombe entre les bras d'un garde national qui
l'étend aux pieds d'un arbre ; soudain le coup
de canon part ; l'avant - garde qui s'étoit ar-
rêtée sur la colline se précipite aussi - tôt :
elle fond sur les séditieux ; il s'engage un combat sanglant. Les séditieux sont bientôt vaincus;
l'orchestre , pendant le combat, imite un bruit de
guerre ; & après le combat les fanfares de la
victoire : pendant le combat , on sonne le tocsin
dans la ville.)*

LE CHEF DE LA GARDE NATIONALE DE METZ,
   (*s'avançant vers M. de Silles , & le faisant re-
lever par des soldats citoyens qui lui font un lit
militaire de leurs drapeaux & de leurs armes*).

Ah ! brave jeune homme, j'ai vu votre action.
Votre dévouement sublime égale celui des plus
grands héros. . . . . . Mais vos blessures...

M.   DE   SILLES.

Elles ne font rien. . . . . Plut. au ciel !. . . . . qu'il
n'eût coulé que mon sang !

LE CHEF DE LA GARDE NATIONALE DE METZ

Ah ! que je vous serre dans mes bras, sur mon
cœur ! Vous êtes un autre d'Assas, vous méritez

couronne civique. Ce trait vous rend immortel. (*Aux Gardes Nationales*). Mes amis, mes braves amis, emmenons-le; que toutes les ressources de l'art soient prodiguées pour guérir des blessures aussi glorieuses! qui de nous ne voudroit les avoir, dût-il en perdre la vie!.... tenez..... monsieur...— tenez..... (*il détache sa croix de Saint-Louis & la remet à M. de Silles.*) En vous remettant ce prix de la valeur, je ne fais que prévenir l'intention d'un monarque juste & sensible, qui versera des larmes en apprenant un si beau trait. La Nation fera bien davantage sans-doute; mais le souvenir de votre action durera plus que toutes les récompenses; emmenons-le, mes amis, emmenons ce héros.

SCENE XIII & *dernière.*

LES PRÉCÉDENS, DAMES DE LA VILLE, *tenant par la main leurs enfans vétus en uniforme de Gardes Nationales, & apportant une couronne civique.* HABITANS DE LA VILLE.

CHŒUR DES DAMES, *dont une pose la couronne sur la tête de M. de Silles.*

JEUNE héros, recevez notre hommage;
Ah! recevez nos vœux reconnoissans!

M. DE SILLES, *faifant figne aux gardes qui l'emmenent,*
de s'arrêter.

Un moment.... arrêtez... que d'un fi doux hommage
Je jouiffe quelques inftans !

CHŒUR DES DAMES ET DES HABITANS.

Laiffez-vous voir à nos enfans ;
Puiffent-ils imiter un jour votre courage,
Et fervir leur pays par de tels dévouemens !

M. DE SILLES.

Oh ! mes concitoyens !... quel glorieux hommage!

CHŒUR GÉNÉRAL, *en accompagnant M. de Silles.*

LE CHEF DE LA GARDE NATIONALE DE METZ.

Emmenons ce héros, fans tarder davantage.
Ciel ! daignez écouter nos vœux reconnoiffants ;
A fon pays confervez-le long-temps !

TOUS.

Jeune héros, recevez notre hommage ;
Ah ! recevez nos vœux reconnoiffans !
Puiffe le ciel vous conferver long-temps !

(Tous fe grouppent dans l'enfoncement autour de
M. de Silles, & la toile tombe.)

9 782329 641416